技工院校商贸类通用教材
中等职业学校商贸类通用教材

财经应用文写作（第二版）习题册

窦丽娟　主编

中国劳动社会保障出版社

简介

本书是《财经应用文写作（第二版）》的配套习题册。本书题型设计多样，包括名词解释、填空题、选择题、判断题、简答题、综合练习题等，力求充分体现教材的重点和难点，反映实际工作中将接触的具体问题，使学生能够掌握有关知识和原理，并具有解决实际问题的能力。

本书由窦丽娟任主编，顾晓、刘佳参加编写。

图书在版编目（CIP）数据

财经应用文写作（第二版）习题册 / 窦丽娟主编 . 北京：中国劳动社会保障出版社，2025. --（技工院校商贸类通用教材）（中等职业学校商贸类通用教材）.
ISBN 978-7-5167-6738-2

Ⅰ. F-44

中国国家版本馆 CIP 数据核字第 20252GH179 号

财经应用文写作（第二版）习题册

CAIJING YINGYONGWEN XIEZUO（DI-ER BAN）XITICE

中国劳动社会保障出版社出版发行

（北京市惠新东街 1 号　邮政编码：100029）

*

北京鑫海金澳胶印有限公司印刷装订　　新华书店经销

787 毫米 ×1092 毫米　16 开本　3 印张　60 千字

2025 年 5 月第 1 版　　2025 年 5 月第 1 次印刷

定价：6.00 元

营销中心电话：400-606-6496

出版社网址：https://www.class.com.cn

https://jg.class.com.cn

目　　录

第一章 财经应用文写作基础知识

一、名词解释

1. 应用文

2. 财经应用文

3. 词语

4. 句子

5. 段落

二、填空题

1. 财经应用文具有应用文的共性特征，主要包括实用性、________性、________性、准确性四个方面。

2. 根据财经应用文所处理事务的领域、性质不同，可以将其分为三大类型，即财经公务应用文、____________应用文、____________应用文。

3. 应用文中的主题句往往位于正文________部分或位于________和背景后。

4. 公文式标题由发文主体名称、________和________三个要素组成。

5. 在财经应用文中，材料是主题得以表现的基础，是提出______和________的依据。

6. 财经应用文的材料总体上可划分为__________依据材料和________依据材料两大类。

7. 简称略语是一类特殊的词语，是指对一个复杂语言片段的____________。

8. 应用文中常用的表格主要有两种类型，一种是以数字为主体的__________，另一种是以文字为主体的____________。

9. 结构是文章的“骨架”，由横向的________和纵向的________结合而成。

10. 应用文的层次是指文章表达主题的阶段和次序，又称“逻辑段”，是小于______、大于（或等于）______的结构单位。

三、单项选择题

1. 下列每组两个词属于近义词的是（　　）。

A. 建立、建设　　B. 必须、必需

C. 意义、异议　　D. 弯曲、笔直

2. 财经应用文的有效期限要明确，在到达有效期限之后，文件（　　）。

A. 即告失效　　B. 即刻生效

C. 应立即焚毁　　D. 可提高价值

3. 下列应用文中，属于财经事务应用文的是（　　）。

A. 计划、总结　　B. 通知、启事

C. 通告、总结　　D. 消息、营销策划书

4. 段旨句与小标题一般位于各层次或自然段的（　　）位置。

A. 段中　　B. 段尾　　C. 零散　　D. 开始

5. 某些文体（如意见、总结等），一般应当在（　　）使用高度概括性的语句再次点明主题，以使全篇首尾呼应。

A. 篇末　　B. 篇中　　C. 篇首　　D. 段中

6. 事实依据材料包括（　　）、数据和背景资料等。

A. 规律　　B. 事例　　C. 名言　　D. 定理

7. 在搜集到所需的各类材料后，写作者需要对其进行整理。这一阶段主要需进行（　　）和分类整合两方面的工作。

A. 画图建模　　B. 调查研究

C. 审查筛选　　D. 计算数据

8. 下列选项中，不属于简称略语的是（　　）。

A. “十四五”规划　　B. “两高一低”

C. 共建“一带一路”　　D. 协调推进“四个全面”战略布局

9. 财经应用文中，作为上行文的报告、请示等文体应使用（　　）语气。

A. 祈使　　B. 指导　　C. 定义　　D. 陈述

10. 财经应用文中，图片的图序与图题应置于图片（　　）。

A. 上方　　B. 左方　　C. 右方　　D. 下方

11. 下列财经应用文文体中，主要使用合一式结构的是（　　）。

A. 通知　　B. 计划　　C. 招标书　　D. 信函

12. 下列财经应用文文体中，主要使用总分结构的是（　　）。

A. 证明信　　B. 总结　　C. 招标书　　D. 函

13. 财经应用文生效的重要标志是（　　）。

A. 印章　　B. 发文单位　　C. 标题　　D. 主送单位

14. 财经应用文中，以“为”“为了”等词起始的开头是（　　）式开头。

A. 根据　　B. 叙述　　C. 目的　　D. 说明

15. 法律法规、规章制度及合同等文体采用的结构是（　　）式结构。

A. 条款　　B. 综合　　C. 总分　　D. 合一

16. 财经应用文中使用的图片应具有（　　）性，即只看图、图题和图例，读者不阅读正文也能理解图意。

A. 自明　　B. 创新　　C. 准确　　D. 主观

四、多项选择题

1. 财经应用文选择使用材料的原则包括（　　）。

A. 真实可靠　　B. 典型精当

C. 新颖简要　　D. 面面俱到

2. 写作财经应用文时，搜集材料的方法有（　　）。

A. 日常积累　　B. 查阅文献

C. 观察　　D. 调查研究

3. 从结构上看，财经应用文一般包括（　　）等要素。

A. 标题、正文　　B. 主送单位、发文单位

C. 附件说明　　D. 成文日期、印章

4. 下列选项中，属于常见的应用文结尾形式的有（　　）。

A. 套语式结尾　　B. 希望式结尾

C. 说明式结尾　　D. 零结尾

E. 总结式结尾

5. 下列选项中，属于常见财经应用文结构类型的有（　　）。

A. 合一式结构　　B. 总分式结构

C. 条款式结构　　D. 表格式结构

E. 综合式结构

6. 使用财经应用文材料时，可以（　　）。

A. 先提观点后列材料　　B. 先列材料后提观点

C. 列举材料即可，不必提出观点　　D. 材料与观点交织

7. 财经应用文正文是表述内容的部分，由（　　）构成。

A. 开头　　B. 主体　　C. 结尾　　D. 标题

五、判断题

1. 财经应用文的内容应该实事求是，偶尔可以虚构、夸张。（　　）

2. 财经应用文必须符合政策法规的要求，内容不能与政策法规相抵触。（　　）

3. 财经应用文对语言的基本要求是准确、简洁，也可以出现口语化、文学化、随意化的语言。（　　）

4. 主题是应用文的核心内容，是写作动机的直接体现，决定着文章的选材、语言、结构等其他要素。（　　）

5. 组合式标题没有固定的构成要素与组合方式，一般采用简短的词组或句子直接揭示文章主题，消息、简报、调查报告等文体经常采用这种标题。（　　）

6. 在财经应用文中使用简称略语可以提高表达效率，使语句简洁。（　　）

7. 简要，是指材料能反映现实，具体可表现为案例、事件发生的时间近，内容和做法新等，让读者产生兴趣。（　　）

8. 搜集财经应用文材料时，需要快速地审查各类直接材料或间接材料，补充完善写作者想要的材料。（　　）

9. 应用文常见开端用语包括“根据”“按照”“为了”“特此通告”等。（　　）

10. 财经应用文自然段的标志一般是段首空 1 字，段末另起行。（　　）

11. 财经应用文的开头部分应婉转地切入主题，文笔要简练，尽量渲染铺排。（　　）

12. 财经应用文的主送单位即主要受理单位，应当使用单位全称、规范简称或者同类型单位统称。（　　）

13. 段旨句可以单独成行作为小标题使用，末尾要加标点。（　　）

14. 财经应用文使用的词语大多存在于特定的语境中，其内涵、意向必须准确明晰，

不可造成歧义或意义模糊。（ ）

15. 财经应用文所表达的主题一般有多个方面。（ ）

16. 财经应用文中的句子一般为主谓完全句，要求主语和谓语齐全、结构完整，也可以随意省略句子成分。（ ）

六、简答题

1. 什么是财经应用文的主题、材料和结构?

2. 什么是“一文一事，一事一文”?

3. 与其他应用文相比，财经应用文的特殊性体现在哪四个方面?

4. 财经专业应用文的常用文体有哪些?

5. 提高财经应用文写作能力的途径有哪些?

6. 财经专业应用文表达主题的方法有哪些?

7. 检验财经应用文主题是否正确的标准有哪些?

8. 财经应用文中词语使用的具体要求有哪些?

9. 财经应用文中句子使用的具体要求有哪些?

10. 财经应用文安排结构的原则与要求是什么?

七、综合练习题

1. 将下列财经应用文文体填写到下表相应的区域内。

启事、声明、议案、审计报告、市场调查报告、市场预测报告、项目可行性研究报告、计划、总结、外贸函电、经济合同、商务信函、招标公告、投标函、规章制度、报告、广告文案、营销策划书、请示、公报、公告、通告、意见、决议、决定、命令(令)。

财经应用文文体分类表

类型	文体
财经公务应用文	
财经事务应用文	
财经专业应用文	

2. 下面是一篇财经应用文的节选,阅读后回答问题。

碳酸饮料、茶饮料和水饮料构成了受访者群体饮料消费的主要部分,其次是果汁饮料。其中,碳酸饮料的占比达到67%。这类饮料的特点是以解渴为主,功能比较基础,价位也相对较低。这说明大多数受访者对饮料仅仅要求基本的功能,并对价格较为敏感。果汁饮料的消费人群占比为20%,这类饮料仍有一定的上升空间,但上升的幅度并不乐观。另外,茶饮料及矿泉水等并不是受访者的主要饮料。

饮料的口味是影响受访者选择饮料的重要因素。有 51.55% 的受访者认为饮料的口味对他们很重要，口味是否适合自己会影响他们对饮料的选择与购买。饮料的品牌是仅次于口味的又一大因素。30.18% 的受访者认为，饮料的品牌会影响他们的选择，而 16.22% 的受访者表示，品牌知名度会影响他们的选择。对于这类受访者而言，他们更注重品牌，也更关心饮料的知名度，因为他们走在流行趋势的前端，对新产品的推出抱有追求，对新广告的播放也格外关注。

82.25% 的受访者选择在超市购买饮料。这种倾向与性别有一定关联，女生比男生更倾向于在大超市购买饮料，这也许与购买批量有关。一般在学校超市购买饮料都是临时性的消费，购买者以男生居多。临时性消费对场所的选择性不强，一般以方便为主，遵循就近原则。

调查显示，受访者选择的包装以瓶装为主，听装、利乐包只占很小一部分。其中，小瓶装的饮料是受访者购买较多的类型，占 41%。小瓶装因携带方便、适量而较受人们欢迎。而听装饮料在价格上处于劣势，选择这类饮料的受访者只有 9%。曾经比较受欢迎的利乐包饮料只占 2%。大瓶装饮料是消费第二多的选择，有 29% 的受访者购买。大瓶装饮料虽然携带不便，但其价格相对便宜，成为除小瓶装之外较受欢迎的包装类型。中瓶装饮料占 19%，这种包装是对大瓶包装的一种补充。

调查表明，受到受访者欢迎的饮料，价格在 2 ~ 3 元，消费人群占比为 47%，这也是较为普遍的一个价格区间。5 元以上的饮料占 23%，这类饮料一般是大瓶装饮料，比例也较高。对饮料的价格分布与其他信息的研究显示，饮料的价格与其售出的场所、饮料的包装都有直接的关系。从销售场所来看，一般高价饮料多在便利店出售；从饮料包装来看，价格越低的饮料，其容量越小；从饮料的类型来看，价位较低的饮料多为水饮料、茶饮料及碳酸饮料。

（1）这篇财经应用文是什么文体？

（2）根据材料，给这篇财经应用文拟一个合适的标题。

（3）这篇选文体现了财经应用文的哪些特点？

3. 分析下列财经应用文存在的问题，根据其要点写一篇正确的财经应用文。

贵司于 × 年 × 月 × 日发来的 × 号对账单我司已收到，并交于财务专员传阅了。你们在对账单中列出的各项账目经过我们的研究已经认同。希望你们尽快选派合适的人员带着发票来我司进行资金往来。特意写这份公函告诉你们。

4. 阅读下面两则材料，回答下面的问题。

材料 1　为了提高 ×× 公司的办公场所利用率，×× 公司办公室组织召开了 4 大中心 12 部门的办公场所专项汇报会议。会议结束后，由总经理带队，兵分 4 组到 12 个部门 5 个厂区 216 个办公室进行实地调查。（下略）

材料 2　根据《国务院关于建立城镇职工基本医疗保险制度的决定》《×× 省推进城镇职工基本医疗保险制度改革的意见》，结合我省公务员医疗保障的实际，制定本实施意见。（下略）

（1）指出这两篇财经应用文开头的类型。

（2）分析这两篇财经应用文的语言特点。

（3）这两篇财经应用文使用了哪些公文专用语？

5. 指出下面财经应用文的错别字、病句，并给出修改建议。

会 议 通 知

各部门负责人：

为落实公司年度工作计划、市场动态，本公司定于本周五下午两点，在 801 会议室举行工作会议。会议主要讨论关于公司下一季度的发展计化和市场战略布署。请各部门负责人务必一定准时参加。如有特殊情况不能出席，请提前向人事部请假。

会议期间，请保持手机静音，不要随意走动，以免影想会议进程。

特此通知。

××公司办公室

20××年×月×日

6. 某公司近期举办了一场“敬业之星”内部评选活动，现需要写一篇活动总结。你认为撰写这篇总结应当如何搜集、整理材料？使用的材料应符合哪些要求？如果要对有关人员进行表彰，应该撰写什么类型的应用文？

第二章 财经公务应用文

一、名词解释

1. 通知

2. 知照通知

3. 通报

4. 通告

5. 报告

6. 请示

7. 批复

8. 函

9. 纪要

二、填空题

1. 告知有关单位或个人参加会议的通知是__________。
2. 批转主要起到__________的作用。
3. 通报的主送单位数量比较多时，可以采用统称，后加标点________。
4. 通告可分为_________性通告和_________性通告两大类。
5. 撰写报告应当坚持__________的原则，全面如实反映情况、分析问题。
6. 请示和报告是两种相互独立的文种，二者最大的区别在于行文目的不同，也可理解为单双向的差异，即请示为_______性文种，而报告为_______性文种。
7. 请示只能有一个主送单位，由__________审批。
8. 通知的标题有_________式和_________式两种。
9. 答复报告的正文包括答复依据和__________两部分内容。
10. 根据写作方法不同，纪要可分为条项式纪要、_______式纪要和__________式纪要三种类型。
11. 通告的核心部分是__________。
12. 表彰通报正文的结尾部分应当提出__________，这是通报教育性的集中体现。

三、单项选择题

1. 专题讨论会议纪要、座谈会纪要、学术研究会议纪要属于（　　）纪要。

A. 条项式　　B. 摘要式　　C. 其他会议　　D. 办公会议

2. 答复上级询问事项的报告属于（　　）答复报告。

A. 规定　　B. 事例　　C. 情况　　D. 工作

3. 根据实际需要，可以在前面标注“紧急”或“答复”等字样的文体是（　　）。

A. 通报　　B. 报告　　C. 通知　　D. 请示

4. 表明主管部门对某些事项的态度的函是（　　）函。

A. 商洽　　B. 申请　　C. 询问　　D. 答复

5.《关于 ×× 高架桥禁止非机动车通行的通告》属于（　　）通告。

A. 规则性　　B. 告知性　　C. 规定性　　D. 普通

6. 按与会者的发言顺序，把其发言要点即主要意见归纳、整理、摘录出来，属于（　　）式写法。

A. 摘要　　B. 综合　　C. 总分　　D. 条项

7. 下列事项不可以采用通知行文的是（　　）。

A. 发布会信息　　B. 分配具体工作

C. 向上级汇报工作　　D. 转发上级来文

8. 针对下级涉及政策、认识的问题所作的批复，一般属于（　　）。

A. 指示性批复　　B. 指示性报告

C. 审批性指示　　D. 告知性批复

9. 将本单位制定的行政法规、规章制度或其他文件用通知向所属单位发布，这种通知属于（　　）通知。

A. 事项性　　B. 批转　　C. 转发　　D. 印发

10. 下列用语中，可以在事项通知结尾部分使用的是（　　）。

A. 请遵照执行　　B. 特此通报

C. 特此函达　　D. 特此请示

11. 结束语往往采用“特此批复”“此复”“专此批复”等语句的应用文是（　　）。

A. 请示　　B. 审批　　C. 函　　D. 批复

12. 多用于商调干部、洽谈业务或联系活动的函是（　　）函。

A. 商洽　　B. 答复　　C. 申请　　D. 询问

13. 向无隶属关系的有关主管部门请求批准某些事项的函是（　　）函。

A. 商洽　　B. 申请　　C. 询问　　D. 答复

14.“特此请示，请予批准”属于（　　）常用的结束语。

A. 请示　　B. 审批　　C. 报告　　D. 批复

15. 通报的主送单位往往是（　　），一般不能省略。

A. 下级单位　　B. 上级单位

C. 平行单位　　D. 单位内部部门

16. 下列选项中，（　　）属于请求批准的财经应用文的标题。

A. 关于增加旅游名额的请示

B. 关于减少出差频率的批复

C. ×× 公司上半年工作报告

D. 关于 ×× 公司 ×× 同志的答复报告

17. 针对下级请求批准的请示所作的答复是（　　）性批复。

A. 指示　　B. 审批　　C. 告知　　D. 批评

四、多项选择题

1. 通报的内容包括（　　）。

A. 标题　　B. 主送单位　　C. 正文　　D. 附件

2. 请示事项是指请求上级（　　）的具体事项。

A. 执行　　B. 批准　　C. 帮助　　D. 解答

3. 通知的正文包括（　　）等几部分。

A. 缘由　　B. 要求　　C. 附件　　D. 事项

4. 通知的类型包括（　　）。

A. 会议通知　　B. 事项通知

C. 知照通知　　D. 批转转发通知

5. 批评通报的正文包括（　　）。

A. 概述事实　　B. 分析评议与定性

C. 处理决定　　D. 改进措施与要求

6. 通报作为一种宣传教育、通报信息的工具，其作用包括（　　）。

A. 表彰　　B. 惩戒　　C. 知照　　D. 分析

7. 下列关于函的说法，正确的有（　　）。

A. 询问函是不相隶属的单位之间互相询问情况、问题或征询意见时使用的函

B. 告知函不带有指挥性质

C. 答复函只能表示同意的态度

D. 函的使用范围广泛，灵活方便，不受级别高低、单位大小的限制

8. 下列关于通知的说法，正确的有（　　）。

A. 通知不受发文单位级别、性质的限制

B. 通知的主送单位只能是一个

C. 会议通知的表述应准确清楚，避免产生歧义

D. 印发通知正文的开头部分通常是，“现将《××××》印发给你们”

9. 下列关于通报的说法，错误的有（　　）。

A. 通报的标题是完整式标题

B. 情况通报用于在一定范围内传达重要情况和动向，以避免类似问题发生为目的

C. 用于表彰的情况通报的正文部分要写明对先进人物或先进单位给予表彰的事项，一般是精神奖励或物质奖励，也可二者均有

D. 对先进事迹的通报表彰要实事求是，不能任意拔高，更不能借贬低他人来提升先进人物的形象

10. 下列关于请示的说法，正确的有（　　）。

A. 同一份请示，不能同时主送给两个或两个以上的领导或部门

B. 请示标题可以将“请示”和“报告”并列，如“关于 ×× 的请示报告”

C. 请求批准的请示是指下级在工作中遇到具体问题以后向上级申请批准、同意自己所提请求的请示

D. 请求指示的请示是指下级在不知如何开展工作而向上级请求具体指示时所使用的请示

11. 下列关于通告的说法，正确的有（　　）。

A. 规定性通告主要用于政府或企事业单位职能部门依法公布有关规定，要求相关范围内的单位、部门和人员予以遵守、执行

B. 通告可以将发文单位和事由都省略，仅注明“通告”二字

C. 通告面向的对象一般比较广泛，主送单位往往省略

D. 通告是下级与上级之间进行直接沟通交流的重要工具，有助于上级了解下级的工作情况，以便进行指导，同时也是下级向上级反映情况的载体

五、判断题

1. 被批转、转发、印发文件的标题应按公文格式的要求，以附件形式标注在正文与发文单位名称之间。（　　）

2. 批评通报的目的是让有关当事人吸取教训、改正错误、引以为戒，为其他单位和个人提供反面典型以供借鉴。（　　）

3. 报告可以要求上级给予答复。（　　）

4. 工作报告用于上级向下级安排工作，侧重于陈述工作的开展情况及主要做法，便于上级全面指导工作。（　　）

5. 批复的主送单位只能是请示的下级单位，谁请示就对谁批复。（　　）

6. 缘由是写作请示的关键所在，因为缘由直接关系到请示的事项能否成立，关系到上级的审批态度，关系到请求能否被批准。（　　）

7. 批复内容即批复的事项，这是批复的关键部分，要针对请示的具体内容给予模棱两可的答复或具体的指示。（　　）

8. 纪要没有约束性，与会单位和有关人员可视情况遵照执行。（　　）

9. 纪要的结尾部分不是必需的。（　　）

10. 情况报告是指向上级反映正常工作中出现的新情况、新问题的报告。（　　）

11. 通报的任何事实、情况都必须真实、准确，不能有差错，更不能编造虚假情况。（　）

12. 表彰通报在一定范围内表扬好人好事，其价值体现在对被表彰的单位和个人是一种鼓舞和激励，对其他单位和个人是一种教育，对后进单位则是一种鞭策。（　）

13. 主送单位是文件送达的单位，主送单位往往负责执行文件要求。（　）

六、简答题

1. 通知和通报的特点各是什么？

2. 事项通知的正文主要分为哪几个部分？各包含哪些主要内容？

3. 通告的特点有哪些？

4. 简述通告的作用。

5. 报告的特点有哪些？

6. 请示和批复的特点各有哪些?

7. 函的类型有哪些?

七、综合练习题

1. 阅读下面的材料，回答后面的问题。

××集团有限公司战略投资部关于召开集团战略重心调整工作会议的通知

各分（子）公司、各部门：

为进一步优化集团整体战略，促进集团高质量发展战略实施，经集团批准，决定召开集团战略重心调整工作会议，现将相关事项通知如下：

一、会议时间

20××年××月××日（星期×）上午8时—11时。

二、会议地点

集团办公楼808会议室。

三、参会人员

（一）集团领导。

（二）各分（子）公司负责人、财务部门负责人。

（三）集团战略投资部全体人员。

（四）集团各部门负责人。

四、主要议题

（一）总结回顾过去5年来公司整体战略措施、发展方向及取得成绩。

（二）针对集团发展实际情况，预判相关行业未来发展趋势，研究集团应对措施。

（三）针对当前集团战略部署方向，研判未来3年集团战略重心转移方向。

五、注意事项

（一）请各位参会人员提前准备好相关资料，梳理好各自业务进展情况。

（二）请务必准时参加会议，如有特殊情况请提前向集团归口领导请假。

（三）会议期间请保持手机静音，并做好会议记录工作。

（四）联系人：集团战略投资部任 ××，联系电话：5577××××。

特此通知。

×× 集团有限公司财务部

20×× 年 5 月 30 日

（1）该通知属于什么类型的通知？

（2）财经应用文还有哪几类常见的结尾？

（3）该通知的结构是什么类型？

2. 根据下面材料内容，将正确的词语填入括号内。

×× 市人民政府关于表彰 20×× 年度 ×× 市“科学技术奖”的（　　）

××〔20××〕×× 号

各区人民政府，市直各委、办、局，各开发区管委会，各有关单位：

为（　　）我市在推动科技进步与科技创新中作出突出贡献的单位和个人，激发广大科技工作者创新创造积极性，持续提升自主创新能力和水平，根据《×× 市科学技术进步条例》等相关规定，经 ×× 奖励委员会评定和市政府批准，现将 20×× 年度 ×× 市“科学技术类”的获奖人和获奖项目通报如下：

一、授予 ××、××、××3 人“科学技术重大贡献奖”。

二、授予 ××× 等 9 人“科技创新杰出人才奖”。

三、授予“面向全场景智能终端的 ×× 关键技术研发与产业化”等 50 项成果“科学技术进步奖”，其中一等奖 3 项、二等奖 18 项、三等奖 29 项。

（　　）获奖单位和个人再接再厉，再创佳绩。全市科技工作者要以获奖者为榜样，继续发扬求真务实、勇于创新的科学精神，争创更多引领社会发展的科技成果，为加快推动我市科技进步和打造创新创业之城作出更大贡献。

（　　）：20×× 年度 ×× 市“科学技术奖”获奖名单

×× 市人民政府

20×× 年 × 月 ×× 日

3. 根据下面材料内容，将正确的词语填入括号内。

关于增加奖励性旅游名额的（　　）

总公司：

在过去的一年中，×× 分公司全体员工团结奋进，努力拼搏，分公司的各项业绩均取得前所未有的成绩（销售额和回款率均创下历史新高），分公司也多次获得总公司领导的表扬和鼓励。随着分公司壮大和业务发展的实际需要，分公司员工队伍新增 30 余人。近日总公司下发的《关于 20×× 年公司奖励性旅游名额的通知》中给 ×× 分公司的名额为 5 人，与往年持平。考虑到我分公司今年所取得的突出业绩和员工增量的实际情况，特申请增加我分公司奖励性旅游名额，由 5 人增加至 9 人。

以上（　　），请（　　）。

×× 分公司

20×× 年 × 月 × 日

4. 将下列三栏中相关联的内容用直线连接起来。

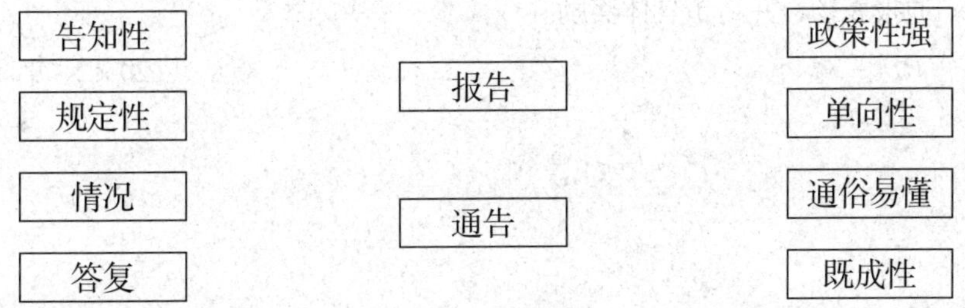

5. 阅读下面的会议纪要，将存在的问题填写在横线上。

×× 小区业主委员会第四次会议纪要

时间：20×× 年 ×× 月 ×× 日

参会人员：业主委员会（以下简称业委会）主任 ×××、业委会副主任 ×××、业委会秘书 ××、业委会会计 ××、业委会一组组长 ××、业委会二组组长 ××、业委会三组组长 ××、业委会四组组长 ××。

会议内容：

一、确定了业委会的办公地点。根据 20×× 年 ×× 月 ×× 日会议决定，业委会主任 ×××、秘书 ×× 及业委会代表对业委会办公地点进行了考察。经过比较，代表们认为小区物业收费处的东侧办公室条件优越，适合作为业委会的办公地点。会议决定，从即日起业委会迁到小区物业收费处的东侧办公室挂牌办公。通信地址：× 市 ×× 区 ××× 路 ×× 号。联系电话：×××××××××。

二、业委会与小区物业公司商定，由物业公司给业委会提供办公室、办公桌椅、电话和必要的办公费用。

三、增补了业委会副主任。为便于开展工作，建议增补业委会安保部组长（四组组长）×× 为业委会副主任，负责业委会的后勤保障和日常管理工作。

存在的问题：

（1）标题与日期：________________________________

（2）正文：________________________________

（3）结尾：________________________________

6. 指出下面这篇应用文在结构方面存在的问题。

关于表彰褚 ×× 的通报

在最近的 1 号标段项目执行过程中，褚 ×× 面临诸多困难和挑战，但他始终保持积极的态度，勇于担当，凭借出色的专业能力和顽强的拼搏精神，成功解决了一系列关键问题。褚 ×× 不仅高效地完成了自己的本职工作，还主动帮助团队成员，促进了整个团队的协作与进步。

褚 ×× 的优秀表现，充分展现了公司员工的敬业精神和专业素养。经公司研究决定，给予褚 ×× 通报表扬，并给予具体奖励。

20×× 年 × 月 × 日

7. 根据下列 8 段文字，判断对应的报告类型，并将序号填入下页表中。

（1）报告公司本季度通过拓展新市场、优化销售策略等措施，实现销售额增长 20% 的成果，分析成功经验和存在的问题，提出下季度工作计划。

（2）阐述公司某网络安全事件的发生经过、造成的影响，已采取的应急处理措施，以及后续的防范方案。

（3）介绍新产品研发的阶段性成果，包括技术突破、功能实现等，说明研发过程中遇到的技术难题及解决方案，预估产品上市时间。

（4）某公司下级单位向上级单位提交《关于申请增设部门及增加人员编制的请示》，详细阐述了由于业务拓展、工作量增大等原因，请求上级单位批准增设新的部门并增加相应的人员编制。上级单位经过研究和评估，给予了答复，同意或不同意下级单位的请求，并说明相关理由和具体要求。

（5）某公司的后勤部门发现公司部分设施老化严重，影响正常工作，拟对这些设施进行大规模更新和维修，但所需资金超出了本部门的预算。于是，后勤部门向公司领导提交报告，详细说明设施的现状、更新维修的必要性、具体的预算方案以及预计的实施时间等，请求公司领导批准拨付专项资金以支持该项工作。

（6）报告公司员工福利改善措施的具体内容、落实情况，以及收集到的员工反馈。

（7）针对客户提出的产品质量问题投诉，说明调查过程、原因分析，详细介绍采取的改进措施和对客户的补偿方案。

（8）回复上级部门，报告本单位节能减排工作的进展、采取的具体措施、取得的成效，以及未来的规划和目标。

报告类型判断表

报告类型	序号
工作报告	
情况报告	
答复报告	

第三章 财经事务应用文

一、名词解释

1. 计划

2. 总结

3. 规章制度

4. 岗位职责

5. 启事

6. 消息

7. 细则

二、填空题

1. 具有全局性的、涵盖较长时期的长远计划是__________。

2. 政策性计划往往会提出总体目标和要求，它通常由一个组织机构的_______制订。

3. 规章制度如果是暂行或试行的，应当在标题中注明__________或__________字样。

4. 规章制度在内容上具有_________性，应当遵守法律法规。

5. 规章制度题注的内容一般是该规章制度的制定__________、__________和__________时间。

6. 规章制度的标题通常由制定和发布规章制度的单位名称、__________、__________组成。

7. 主体是消息的__________部分，是用__________对导语作进一步的具体阐述。

8. 启事的行文对象是__________，所采用的发布渠道往往是张贴的布告或大众媒体，其内容没有__________性。

9. 告知类启事的正文一般由__________、__________、__________等内容构成。

10. 工作简报一般分为__________性简报与__________性简报。

11. 综合消息是综合反映__________的消息，它一般围绕__________集中对带有全局性的新情况、新成就、新动向、新问题加以综合报道。

12. __________是版权所有的标志，也可标明消息的__________。

三、单项选择题

1. 下列选项中，属于寻找类启事的是（　　）启事。

A. 寻人　　B. 停业　　C. 开业　　D. 征婚

2. 下列选项中，不属于告知类启事的是（　　）启事。

A. 开业　　B. 停业　　C. 迁址　　D. 招聘

3. 发布者为了完成某一件事，请求别人协助、支持时所发布的启事是（　　）启事。

A. 寻找类　　B. 告知类　　C. 征招类　　D. 迁址

4. 简报的（　　）由简报名称、期号、编制单位、印发日期组成。

A. 报头　　B. 报核　　C. 正文　　D. 报尾

5. 会议召开期间编发的简报是（　　）简报。

A. 会议　　B. 工作　　C. 动态　　D. 静态

6. 对某一具体事务从目的、要求、工作方式和工作步骤等方面详细作出部署与安排的计划是指（　　）。

A. 方案　　B. 要点　　C. 规划　　D. 报告

7. 下列选项中，（　　）是指对短期内某项具体事务进行基本布置的计划。

A. 方案　　B. 总结　　C. 安排　　D. 规划

8. “××公司员工培训工作计划”属于（　　）式标题。

A. 完整　　B. 省略　　C. 公文　　D. 一般

9. 一篇消息的第一自然段或第一句话称为（　　）。

A. 标题　　B. 导语　　C. 主体　　D. 背景材料

10. 展现某单位、某部门一段时间内工作全貌的应用文是（　　）性总结。

A. 综合　　B. 专题　　C. 指示　　D. 汇报

11. 紧扣一个中心，把一个地区、一个单位的若干事实或不同地区、不同单位的若干事实集中起来，进行概括报道的消息是（　　）消息。

A. 动态　　B. 综合　　C. 真实　　D. 最新

12. 各类组织对本组织的性质、宗旨、任务、活动范围、组织原则、成员条件与权利义务、机构设置、职权范围、活动规则、纪律措施等作出规范要求的文书是（　　）。

A. 章程　　B. 细则　　C. 规定　　D. 办法

13. 各级机关、团体、企事业单位对有关法令、条例、规章或针对某项工作的具体方法、步骤、措施等作出具体规定的法规性文件是（　　）。

A. 标题　　B. 办法　　C. 章程　　D. 规定

14. 章程由（　　）讨论通过，是经特定程序制定的一种根本性的规章制度。

A. 组织代表大会　　B. 股东大会　　C. 职工大会　　D. 代表大会

15. 总结的主体分为体会式结构和（　　）式结构。

A. 项目　　B. 纵向　　C. 阶段　　D. 因果

16. 消息标题的骨干和核心是（　　），它高度概括消息的中心内容。

A. 小标题　　B. 正标题　　C. 引题　　D. 以上都对

四、多项选择题

1. 计划的标题可采用（　　）等文种名称。

A. 规划　　B. 方案　　C. 要点　　D. 安排

2. 计划的三要素包括（　　）。

A. 目标　　B. 措施　　C. 步骤　　D. 导语

3. 征招类启事的正文由（　　）构成。

A. 征招缘由　　B. 征招条件

C. 征招办法及起止时间　　D. 联系方式

4. 简报的内容新，反映的是（　　）、新趋势。

A. 新情况　　B. 新动向　　C. 新经验　　D. 新见解

5. 计划的特点有（　　）。

A. 预见性　　B. 可行性　　C. 约束性　　D. 单向性

6. 下列选项中，属于规章制度的有（　　）。

A. 章程　　B. 细则　　C. 规定　　D. 办法

7. 下列选项中，属于告知类启事的有（　　）。

A. 寻物启事　　B. 开业启事　　C. 迁址启事　　D. 更名启事

8. 消息的特点有（　　）。

A. 真实客观　　B. 便于分析　　C. 新颖独到　　D. 概括简约

9. 简报是各类组织机构中用于（　　）的一种内部常用事务性文书。

A. 反映情况　　B. 汇报工作　　C. 交流经验　　D. 沟通信息

10. 消息的主体结构分为（　　）。

A. 纵式结构　　B. 横式结构

C. 交叉式结构　　D. 螺旋结构

11. 报核是简报的主要部分，其内容包括（　　）。

A. 按语　　B. 目录　　C. 标题　　D. 正文

12. 下列关于消息的说法，正确的有（　　）。

A. 无论是构成消息要素的时间、地点、人物、事件和结果，还是所引用的背景材料、数字，都必须完全真实、准确、可靠

B. 消息所报道的事件为新近发生的，讲求时效性

C. 消息不可以采用两行或三行标题

D. 三行标题由引题、正标题、副标题组成，具有重大新闻价值的消息往往采用三行标题

五、判断题

1. 要点是仅仅说明主要工作目标的较为简略的计划。　（　　）

2. 计划可以作为评价和检查督促的依据。　（　　）

3. 计划的完整式标题构成是：单位名称＋计划标题＋文种名称。（ ）

4. 简报的字数一般超过 3 000 字。（ ）

5. “学术动态”属于动态简报。（ ）

6. 规章制度的规定具有强制性，适用范围内的有关单位、部门、人员都应遵照执行。（ ）

7. 规定是各级机关、团体、企事业单位对特定范围内的工作和行为提出具体的约束性意见或措施的文书。（ ）

8. 规章制度的内容需要建立在对所涉及工作或事务的透彻分析基础之上，广泛、深入调查，认真分析研究，避免偏颇疏漏，这样才能保证规章制度内容全面与科学。（ ）

9. 规章制度的内容无须与法律法规、方针政策保持一致，做到合理、合规即可。（ ）

10. 条款式结构的规章制度，其内容只分条目，这种结构适用于内容比较简单的规章制度。（ ）

11. “启示”既是动词，也是名词，不可作为文体名称。（ ）

12. 启事的篇幅一般比较简短，语言简洁，将主要事实或要求准确说明即可，不需要深入论述和详尽描述。（ ）

六、简答题

1. 简述计划的类型。

2. 从结构上看，总结包含哪些内容？

3. 规章制度的应用范围和作用是什么？

4. 简报的作用有哪些？

5. 动态消息反映现实生活中的哪些内容？

七、综合练习题

1. 将上下两栏相关联的内容用直线连接起来。

汇报工作的手段	肯定成绩，发现不足	摸清规律，汇总信息	信息共享，促进彼此	上级检查本单位的依据

计划	汇报	总结	制度

2. 从结构上看，下面简报中标注序号的内容各属于什么部分。

××公司简报①

20××年第4期（总第167期）②

××公司办公室编③　　　　　　　　　　20××年×月30日④

××公司市场调研出成效，顺利开展分析检查

4月28日上午，××公司一楼报告厅召开市场调研阶段总结大会，会议由××公司市场部总监高×主持，高×作了调研阶段总结，××公司战略部部长汪××到会并讲话。⑤

从 2 月 15 日开展市场调研以来，××公司调研小组辗转 24 个销售部进行现场调研，拜访长期合作客户 45 人次，发放问卷 234 份（网络问卷），召开产品研发订购会 38 次，设计调研题目 9 个，完成 22 篇调研报告，发出简报 6 份。

汪××部长在讲话中肯定了××公司在调研阶段所取得的成效，要求在接下来的市场开拓过程中注重实效，高质量完成公司部署的任务。最后他代表公司战略部提出建议：坚持目前的发展道路，继续做好调研工作；坚持公司定位，立足二次创业；注重科学发展上水平保持实践特色。⑥

发送范围：各董事、公司各股东单位、监事、相关投资企业　　　　印量 45 份⑦

---

3. 某公司近期举办了一场交谊舞比赛，吸引了众多员工观看。公司企宣部实习生对此撰写了一篇消息，如下文所示。请分析这篇消息存在的问题，并据此重写一篇正确的消息。

做自信的自己——交谊舞比赛

20×× 年 6 月 15 日，同事们在酒店宴会大厅欢聚一堂，共同来见证我司的交谊舞比赛。场上各位选手身姿优美，自信满满，神采奕奕，就像真正的舞者一样翩若惊鸿。经过评委紧张的评比投票，评出了各个奖项。通过这场比赛，同事们培养了自信心和社交技巧。

4. 根据下列背景信息，撰写一篇 200 字左右的动态消息。

（1）某公司举办业务技能竞赛。

（2）多名优秀员工脱颖而出，获得了奖项。

（3）激发了员工的工作积极性。

（4）营造了钻研业务的浓厚氛围。

5. 某公司对产品样品领用工作没有明确的管理制度，造成随意领用产品样品等现象。为规范管理，该公司拟制定相关规定，明确产品样品领用的范围、目的、数量、审批权限及样品发放对象等事宜。请根据上述信息撰写相关规章制度（500 字左右）。

第四章　财经专业应用文

一、名词解释

1. 商务信函

2. 市场调查报告

3. 招标公告

4. 招标书

5. 投标书

6. 意向书

7. 协议书

8. 标的

9. 广告文案

10. 营销策划书

二、填空题

1. 商务信函可以作为签订协议书或合同的________________，也是解决争议的____________。

2. 根据合作内容不同，意向书可以分为__________合作意向书、__________合作意向书、产品购销合作意向书等多种类型。

3. 调查问卷的问题应紧紧围绕调查的__________和__________，根据需要设计封闭式问题或开放式问题。

4. 市场调查报告是_________和_________的结合，因此调查是撰写报告的基础和前提，调查的质量与收获直接决定着报告的写作质量与价值。

5. 市场调查报告在选题上应强调_______性，围绕主题展开调查和论述。

6. 市场调查报告不只是单纯地报告市场客观情况，还要通过对事实进行分析研究，从中寻找发现市场发展变化的__________。

7. 竞争对手调查报告主要反映_________的总体情况、竞争能力及其新产品的发展动向。

8. _________调查报告的目的是分析了解企业的销售行为是否符合市场需求，便于及时发现存在的问题并进行调整。

9. 签订合同的各方对__________的表述要一致，表述必须具体明确。

10. 招标公告一般需要在最前面写简短的前言，主要内容为________、________，并表明欢迎投标的诚意。

11. 招标书的__________中应说明项目已具备的招标条件、项目招标人、招标代理机构、项目名称、实施地点等。

12. 合同根据形式不同可分为_________合同、_________合同和其他形式合同。

13. 投标书的类型主要取决于招标项目的类型，主要分为__________投标书、__________投标书和服务项目投标书。

14. 投标人应按照招标文件中提供的__________或__________及其投标报价表格式要求编制投标报价文件，这是投标文件的核心内容。

15. 调查问卷的缺点是_________率较低，填写质量难以保证。

三、单项选择题

1. 招标书应根据招标项目的需要和（　　），提出对投标人资格的要求，将不具备这些资格的潜在投标人排除。

A. 招标要求　　B. 国家相关法律法规

C. 公司计划　　D. 乙方要求

2. 招标书应要求参加招投标活动的各方禁止泄露招标文件和投标文件中的商业及技术秘密，这是招标公告的（　　）性要求。

A. 保密　　B. 语言　　C. 理论　　D. 技术

3. 除专用术语外，我国招标书一般均要求相关文书使用（　　）。

A. 英文　　B. 汉语拼音　　C. 中文　　D. 俄文

4. 双方发生交易纠纷后，受损方会向违约方提出索赔要求，而违约方则需要就受损方的索赔要求作出答复或满足其索赔要求。在这一过程中使用的函是（　　）函。

A. 交易磋商　　B. 争议索赔　　C. 拒绝赔偿　　D. 理赔

5. 下列各类函中，（　　）函的主体部分可以向对方索要商品目录、价目单、商品样品，并询问交货日期、结算方式等。

A. 报价　　B. 订购　　C. 询价　　D. 索赔

6. 以封闭式问题为主，问题的答案范围已确定的问卷是（　　）式问卷。

A. 开放　　B. 半开放　　C. 半封闭　　D. 封闭

7. 决定问卷长度和答卷时间的是（　　）。

A. 问题数量　　B. 问卷标题　　C. 问卷前言　　D. 问题难度

8. 市场调查报告要紧紧抓住市场活动的新动向、新问题等提出新观点，应从全新的视角发现问题，用全新的观点看待问题，这体现了市场调查报告的（　　）性。

A. 新颖　　B. 教育　　C. 及时　　D. 延续

9. 市场调查报告应注重（　　）性，追踪市场信息的最新变化，以便抓住市场机会。

A. 教育　　B. 时效　　C. 延续　　D. 科学

10. 若投标人的法定代表人不能亲自签署投标文件，则法定代表人应签署（　　），授权代理人全权代表其在投标和签订合同过程中处理一切与此有关的事项。

A. 授权委托书　　B. 协议　　C. 合同　　D. 告知书

11. 下列选项中，不具有法律效力的是（　　）。

A. 意向书　　B. 答复函　　C. 协议书　　D. 合同

12. 协议书的内容、形式和订立程序都要遵守国家的（　　）。

A. 道德准则　　B. 法律法规　　C. 明文规定　　D. 管理要求

13. 一个企业为销售另一个企业的产品而订立的协议书属于（　　）。

A. 报价函　　B. 意向书　　C. 询价函　　D. 经销协议书

14. 企事业单位与代理人之间就双方共同目标、权利义务、业务关系等进行协商后达成的书面协议是（　　）。

A. 询价函　　B. 合作意向书　　C. 代理协议书　　D. 投标协议

15. 协议书最后必须写明签订协议书各方单位（及其负责人）或个人的名称，单位要加盖（　　），个人可盖本人私章或摁手印。

A. 公章　　B. 财务章

C. 负责人签字　　D. 合同专用章

16. 当事人依法享有自愿订立合同的权利，任何单位和个人不得非法干预和强迫，这显示了合同的（　　）特点。

A. 自愿　　B. 诚实　　C. 平等　　D. 公平

17. 签订合同的各方应根据（　　）原则合理分配合同风险，合理确定违约责任。

A. 公平　　B. 诚实　　C. 平等　　D. 自愿

18. 合同中的计量单位有统一规定，重量、长度、体积、面积等都要用（　　）计量单位。

A. 行业标准　　B. 企业标准　　C. 国家法定　　D. 甲方要求

19. 企业向消费者推销商品或提供有偿服务时使用的文案是（　　）广告文案。

A. 公益性　　B. 商业性　　C. 科普类　　D. 保护性

20. 下列选项中，（　　）是表达企业理念或说明产品特征、长期使用的宣传短句，在广告文案中往往起到画龙点睛的作用。

A. 随文　　B. 口号　　C. 广告语　　D. 视频

四、多项选择题

1. 市场综合调查报告是将（　　）结合在一起的报告。

A. 市场需求调查报告　　B. 竞争对手调查报告

C. 经营策略调查报告　　D. 一般性调查报告

2. 合同是民事主体之间（　　）民事法律关系的协议书。

A. 设立　　B. 增加　　C. 变更　　D. 终止

3. 调查问卷是调查者根据调查目的和要求设计的，由一系列（　　）及代码组成的书面或电子文案，又称调查表。

A. 问题　　B. 备选答案　　C. 说明　　D. 评分

4. 下列选项中，属于招标书正文的是（　　）。

A. 投标人须知　　B. 技术条款

C. 经营策略调查报告　　D. 投标文件格式

5. 营销策划书中应说明的营销策略包括（　　）。

A. 产品策略　　B. 销售渠道策略

C. 价格策略　　D. 促销策略

6. 授权委托书中应写明（　　）和期限等。

A. 投标人名称　　B. 法定代表人姓名

C. 代理人姓名　　D. 授权权限

7. 合同的书面形式可以是（　　）或电子数据等形式。

A. 文书　　B. 信函　　C. 电报　　D. 传真

8. 协议书的特点包括（　　）。

A. 合法性　　B. 平等协商　　C. 自愿互利　　D. 约束性

9. 营销策划书具有（　　）的特点。

A. 前瞻性　　B. 预测性　　C. 可操作性　　D. 创新性

10. 商务信函按发函目的和内容不同可分为（　　）。

A. 贸易函　　B. 交易磋商函　　C. 信件函　　D. 争议索赔函

11. 招标书的类型包括（　　）。

A. 贸易函　　B. 工程建设项目招标书

C. 货物采购招标书　　D. 服务项目招标书

12. 在招标公告的主体中，项目的基本信息包含项目的（　　）等。

A. 名称　　B. 性质　　C. 数量　　D. 实施地点

13. 下列选项中，合同中的（　　）是投标人需要了解的实质性内容，也是合同的主要内容。

A. 招标范围　　B. 计划工期　　C. 质量要求　　D. 价格

14. 为了能够中标，投标人在制作投标书时可以提供（　　）。

A. 广告　　B. 关于产品和服务的说明

C. 关于价格的说明　　D. 关于售后服务的说明

15. 资格证明文件主要包括证明投标人（　　）、涉及的诉讼情况等方面的文件。

A. 资质　　B. 财务情况

C. 业绩情况　　D. 财产归属情况

16. 市场调查报告的类型包括（　　）。

A. 市场需求调查报告　　B. 竞争对手调查报告

C. 经营策略调查报告　　D. 市场综合调查报告

17. 招标书中应说明项目的（　　）情况。

A. 资金来源　　B. 出资比例　　C. 资金落实　　D. 诉讼

18. 投标书的技术、服务和管理方案应包含（　　）。

A. 工程施工组织设计方案　　B. 货物技术性能参数说明

C. 服务技术建议书　　D. 工程款结算情况

五、判断题

1. 意向书是阶段性产物，只在双方从初步接触到签订协议书或合同这一段时间内发挥作用。（　　）

2. 调查问卷的优点是：能够突破时空限制，在广阔范围内针对大量对象同时采集信息；获取信息高效，结果易于量化，便于统计分析。（　　）

3. 半封闭式问卷介于封闭式问卷与开放式问卷之间，既有确定答案范围的封闭式问题，也有供受访者自由发挥的开放式问题。（　　）

4. 意向书对实质性的关键问题无须作出具体、准确的表述，只表达原则性的意向。（　　）

5. 复杂重大的商业项目合作可先签订协议书，后签订正式合同。（　　）

6. 商务信函的内容多是急需解决的各种具体商务问题，具有时效性。（　　）

7. 货物采购招标书内容往往侧重于货物的规格、型号、质量等具体标准要求。（　　）

8. 招标公告的标题一般由招标人名称、项目名称和文体名称（招标公告）构成，如有必要可写明年份。（　　）

9. 我国招标书的所有计量单位均应采用中华人民共和国法定计量单位。（　　）

10. 投标书前置部分的法定代表人身份证明应加盖投标人公章。（　　）

11. 投标书为中标后签订合同提供了依据，条款写入投标书，但不具备法律约束力。（ ）

12. 投标报价对投标人竞标的成败和将来实施项目的盈亏不具有决定性作用。（ ）

13. 意向书多用商量的语气，不带任何强制性。（ ）

14. 签订协议书的双方要切实履行规定的义务，信守约定。如果一方由于故意或过失造成违约，必须承担相应的责任。（ ）

15. 合同是协议书，但协议书不都是合同。（ ）

16. 合同的效力往往比协议书更强。（ ）

17. 订立合同时，当事人不得有欺诈或其他违背诚实守信原则的行为。（ ）

18. 数据电文不可以视为合同的书面形式。（ ）

19. 广告文案的内容本身就是夸张的，所以可以夸大产品性能。（ ）

20. 营销策划书内容应避免创新，尽量循规蹈矩。（ ）

六、简答题

1. 调查问卷的作用有哪些？

2. 简述商务信函的写作结构。

3. 市场调查的结论和建议应包含哪些内容？

4. 招标公告的类型有哪些？

5. 招标书与招标公告的区别是什么？

6. 投标书的特点有哪些？

7. 意向书的特点有哪些？

8. 协议书和意向书的区别是什么？

9. 合同的特点是什么？

10. 合同的作用有哪些？

七、综合练习题

1. 请帮助校园内新开的一家超市拟订一份顾客需求调查问卷。要求：

（1）围绕探究顾客需求的主题和增加销售量的意图设计问题。

（2）开放式问题和封闭式问题合理搭配。

（3）封闭式问题的备选答案应当完整。

（4）问题数量合理。

2. ××省××单位因工作需要，需采购一套文书打印系统。请根据以下信息，撰写一份项目招标公告。

（1）项目编号：S×20××-163。

（2）采购项目：××省××单位文书打印系统采购项目。

（3）采购方式：竞争性谈判。

（4）采购内容：详见竞争性谈判文件。

（5）供应商资格条件：除应符合《中华人民共和国政府采购法》中规定的相关条件外，还应符合下述要求。

①具有报名函。

②具有有效的营业执照（符合本次采购项目的生产或经营范围）。

本项目不接受联合体投标。

报名时须携带清晰有效的上述材料的复印件并加盖红色公章（扫描的公章无效）以及营业执照原件。开标会现场资质审查资料以竞争性谈判文件为准。

（6）报名时间：自公告发布之日至20××年5月30日8：00。

（7）报名方式及报名地点。

报名方式：现场报名。

报名地点：××省××市兴隆街897号209室。

供应商注意事项：（略）。

（8）竞争性谈判文件领取方式：通过××省政府采购官网“招标采购”栏目下载（通过其他途径取得的竞争性谈判文件无效）。

（9）预计投标截止时间及开标时间：截止时间为20××年6月5日9：30。开标具体时间以竞争性谈判文件为准。

（10）联系方式。

联系人：刘佳

电话：××××××××

传真：××××××××

地址：××省××市兴隆街897号209室

E-mail：××××××@163.com

3. 根据投标书的结构，将下图中空白的方框补充完整。

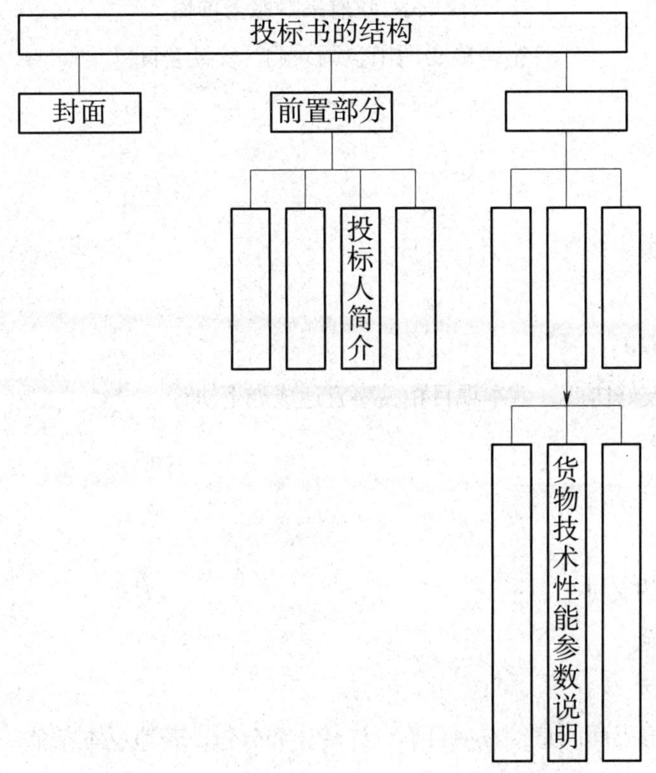

4. 某服装设计公司经过面试，准备录用刚刚在国内服装设计大赛上获奖的应届毕业生章××。根据规定，新员工必须经过试用才能正式进入公司，章××有大赛成绩和优秀的实习履历，所以公司特意将试用期从6个月压缩至3个月（自20××年9月1日起至20××年11月30日止），共计3个月。请拟订一份试用协议，符合以下要求：

（1）明确公司和章××各自的权利和义务。

（2）格式规范，措辞严谨，合乎协议书的写作要求。

5. 请根据以下模板，撰写一份某学校采购、安装宿舍冷暖两用空调的采购合同。

××××政府采购服务项目

宿舍冷暖两用空调采购、安装合同

项目名称：

合同编号：

签约地点：

签约日期：20××年　　月　　日

采购方（甲方）：

供货方（乙方）：

甲乙双方经友好协商，就本项目相关事宜达成如下协议。

1. 定义和解释
2. 合同范围
3. 合同总价
4. 合同款项的支付
5. 履约保证金
6. 转让和分包

没有征得甲方书面同意，本项目不允许转让和分包。若违反本条款，甲方有权终止合同。

7. 采购、安装进度与管理
8. 项目成果的交付及归属
9. 售后服务
10. 甲方权利与义务
11. 乙方权利与义务
12. 人员配置
13. 保密条款
14. 违约条款
15. 合同变更
16. 合同终止
17. 争议的解决
18. 合同语言
19. 合同生效
20. 其他

甲方：	乙方：
法定代表人或其授权代表签字：	法定代表人或其授权代表签字：
签字日期：	签字日期：
联系人：	联系人：
联系电话：	联系电话：
传真号码：	传真号码：

6. 阅读下面的营销策划书，找出其中的问题。

××品牌手机营销策划书

一、产品概述

××品牌手机具有高清大屏幕、强大的处理器和出色的拍照功能。

二、目标市场

主要针对年轻消费者。

三、营销方案

1. 举办线上抽奖活动，奖品为手机和周边产品。

2. 在各大电商平台投放广告，强调手机的高性能和性价比。

3. 与知名博主合作推广。

四、促销策略

1. 购买手机赠送耳机、手机壳等配件。

2. 推出限时折扣活动，折扣高达 50%。

五、客户服务

1. 设立 24 小时客服热线。

2. 通过以上营销策划，相信能有效提高手机的销量和市场份额。